AF356764

24 Mars 1873

Vente du Lundi 24 Mars 1873

HOTEL DROUOT, SALLE N° 5

MEUBLES-CURIOSITÉS

TABLEAUX

DE LA COLLECTION

De Mme la baronne de Meyendorff

EXPOSITIONS
PARTICULIÈRE : le Samedi 22 Mars.
PUBLIQUE : le Dimanche 23 Mars.

EXEMPLAIRE DE DHIOS

M° EUGÈNE ESCRIBE
COMMIS^{re}-PRISEUR
rue de Hanovre, n° 6.

MM. DHIOS ET GEORGE
EXPERTS
rue Le Peletier, 33.

PARIS — 1873

V⁰⁵ RENOU, MAULDE et COCK

IMPRIMEURS DE LA COMPAGNIE DES COMMISSAIRES-PRISEURS

Rue de Rivoli, 144

CATALOGUE

DE

MEUBLES-CURIOSITÉS

GRANDS CABINETS, ARMOIRE SCULPTÉE, CONSOLES
MIROIRS ITALIENS

BELLE ÉPINETTE

Études d'après les Maîtres, par Mme de M.

TABLEAUX ANCIENS

DE LA COLLECTION

De Mme la baronne de MEYENDORFF

DONT LA VENTE AUX ENCHÈRES PUBLIQUES AURA LIEU

HOTEL DROUOT

SALLE N° 5

Le Lundi 24 Mars 1873

A DEUX HEURES ET DEMIE

Par le ministère de Me **ESCRIBE**, Commissaire-Priseur,
rue de Hanovre, 6,

Assisté de **MM. DHIOS** et **GEORGE**, Experts, rue Le Peletier, 33.

EXPOSITIONS

PARTICULIÈRE	PUBLIQUE
Le Samedi 22 Mars 1873	Le Dimanche 23 Mars 1873

PARIS — 1873

CONDITIONS DE LA VENTE

Elle sera faite au comptant.

Les Adjudicataires paieront, en sus des enchères, CINQ POUR CENT, applicables aux frais.

L'Exposition mettant le Public à même de se rendre compte de l'état et de la nature des Objets, il ne sera admis aucune réclamation une fois l'adjudication prononcée.

DÉSIGNATION

MEUBLES-CURIOSITES

1 — **Epinette** richement ornementée, aux armes de la
reine Christine de Suède, à qui elle a appartenu.
Le pied est en bois sculpté et doré : Amours jouant
avec des lions au milieu de volutes et de rinceaux.
Beau travail dans le goût de Brustolone.

2 — **Table-Console**, avec dessus en mosaïque dite
Scayola. Pieds à cariatides en bois sculpté peint et
doré.

3 — **Table-Console**, semblable à la précédente.

4 — **Grand Cabinet**, de forme monumentale, avec
porte entourée de tiroirs. Il est enrichi de jolies
peintures sur verre (Figures mythologiques) et
repose sur sa table-console, à pieds tors.

5 — **Grand Cabinet**, de même forme et de même dis-
position, orné de peintures sur verre : Sujets
historiques, Combats de cavaliers, etc.

6 — **Buste en marbre** blanc de la marquise Aguaccolli, fondatrice de plusieurs couvents à Florence. Il est placé dans un encadrement en bois, à colonnes torses, reposant sur une console en bois sculpté.

7 — **Petit Cabinet** italien, à deux vantaux, et tiroirs à l'intérieur.

8 — **Armoire** en bois sculpté, aux armes d'Anne de Bretagne.

9 — **Six Chaises** hollandaises, à dossiers sculptés à jour.

10 — **Un Fauteuil.**

11 — **Chaise longue** Louis XV, peinte en blanc.

12 — **Deux Fauteuils** et une Chaise Louis XV.

13 — **Prie-Dieu** sculpté, peint en blanc, et garni de velours.

14 — **Deux Grandes Potiches**, à couvercles en ancienne porcelaine du Japon ; décor à fleurs.

15 — Deux Petits Vases, à couvercles, en Japon.

16 — **Pendule** en bronze vert, avec le sujet d'Hercule jetant Lychas à la mer.

17 — **Un Cadre** ovale en bois sculpté, à l'imitation des terres émaillées de della Robbia.

18 — **Deux Miroirs** italiens, avec encadrements en bois sculpté et doré à figurines d'enfants, baldaquin et rideaux ; riche ornementation dans le style de Berain.

19 — **Deux Miroirs**, semblables aux précédents.

TABLEAUX

D'APRÈS LES MAITRES ANCIENS

Par Mme la baronne de Meyendorff

20 — Titien. Vénus avec l'Amour.

21 — Rembrandt. Grand Portrait avec les mains.

22 — Rembrandt. Tête de rabbin à barbe blanche.

23 — Rembrandt. Homme avec bonnet de fourrure.

24 — Greuze. La petite Fille au chien.

25 — Greuze. Le petit Garçon à la pomme.

26 — Greuze. Tête d'expression : l'Effroi.

27 — Greuze. Petite Fille avec fichu.

28 — Rubens. Portrait de Rubens.

29 — Beato Angelico. Deux Anges.

30 — Géricault. Tête de Cheval.

TABLEAUX ANCIENS

BOTICELLI (Sandro)

31 — Vierge avec l'Enfant Jésus.

BRONZINO

32 — Portrait d'Homme, avec collerette (buste).

CREDI ? (Lorenzo di)

33 — Portrait de Femme âgée, avec les mains.

HOLBEIN (Attribué à)

34 — Portrait d'Homme, costume du xvie siècle.

TINTORET

35 — Portrait d'un procurateur de Venise.

ÉCOLE VÉNITIENNE

36 — Portrait de Femme; fond d'architecture.

GUERCHIN

37 — La Madeleine en méditation.

CRESPI

38-39 — Portraits d'homme et de femme, en pied, de
grandeur naturelle, costume Louis XIII.

HELST (École de Van der)

40 — Portrait d'homme.

D'après une tradition, ce serait le portrait de l'aubergiste
de Cambrai, chez lequel logea Pierre-le-Grand.

HELST (École de Van der)

41 — La Femme de l'aubergiste.

BEAUBRUN

42 — Portrait de Mme de Sévigné.

SUSTERMANS

43 — Portrait d'un jeune Seigneur, en pied.

CRESTI (Il Passignano)

44 — La Madeleine.

ANCIENNE ÉCOLE ALLEMANDE

45 — Tête de Christ.

PIOLA (Domenico)

46 — La Charité.

PIOLA (Domenico)

47 — L'Amour.

TEMPESTA

48 — Marine : Calme.

TEMPESTA

49 — Marine : Tempête.

ÉCOLE VÉNITIENNE

50 — La Femme adultère.

. VELASQUEZ ?

51 — Tête d'homme.

DYCK (École de Van)

52 — Tête d'enfant.

SALVATOR (École de)

53 — Halte de soldats.

W.-D.-P. (Initiales)

54 — Saint Pierre délivré de prison.

ECOLE ITALIENNE

56 — Tableau de fleurs.

ECOLE ITALIENNE

56 — Autre, de forme ovale.

---

57 — **Carton** de Dessins anciens, parmi lesquels un croquis de Rubens, etc.

58 — Les Objets non catalogués.

Ves Renou, Maulde et Cock, imprs de la Compagnie des Commissaires-Priseurs
rue de Rivoli, 144.   29959